EINGANG

Mein erstes
Bildlexikon
Zootiere

Bertelsmann
JUNIOR

Projektleitung und Redaktion: Michaela Raßloff
Autoren: Antje Kleinelümern-Depping, Christina Langner
Illustrationen: Jo Pelle Küker-Bünermann
Bildredaktion: Sonja Rudowicz
Grafiken: Hendrik Wittemeier, Sabine Zander
Layout und Satz: Jo Pelle Küker-Bünermann
Einbandgestaltung: FaktorZwo/Bielefeld
Herstellung: Marcel Hellmund

Die in diesem Buch gewählten Schreibweisen folgen dem Werk »WAHRIG – Die deutsche Rechtschreibung« sowie den Empfehlungen der WAHRIG-Redaktion. Weitere Informationen unter www.wahrig.de.

© wissenmedia in der inmediaONE] GmbH, Gütersloh/München, 2011
Alle Rechte vorbehalten – Printed in China

ISBN 978-3-577-07607-4

www.wissenmedia.de

Inhalt

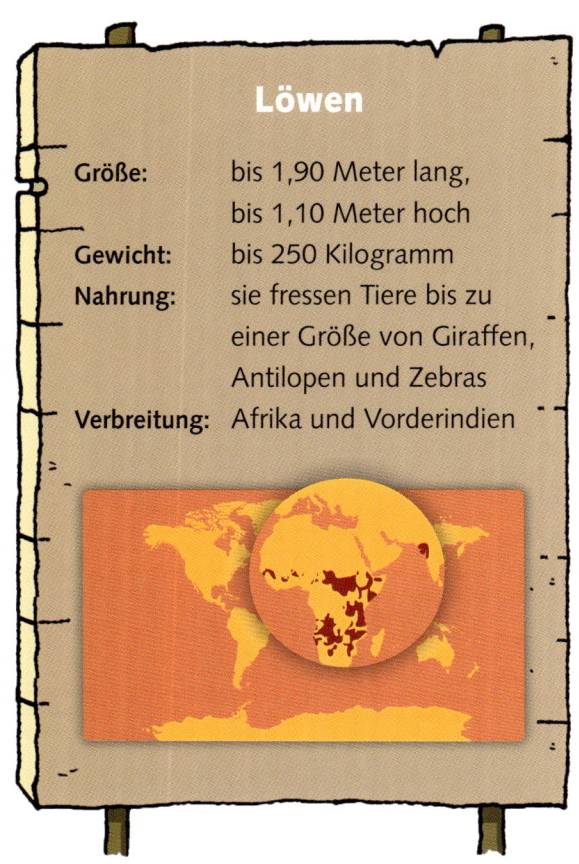

Löwen

Größe:	bis 1,90 Meter lang, bis 1,10 Meter hoch
Gewicht:	bis 250 Kilogramm
Nahrung:	sie fressen Tiere bis zu einer Größe von Giraffen, Antilopen und Zebras
Verbreitung:	Afrika und Vorderindien

LÖWE

Löwen sind die größten Raubtiere Afrikas und streifen in Rudeln durch die weiten Graslandschaften. Nur wenige Tiere leben noch in Indien. Ihr Fell ist gelbbraun. Die Männchen haben eine dichte braune bis schwarze Mähne, die bis zum Bauch reichen kann.

König der Tiere

So wird der Löwe oft genannt, weil er unter den Tieren keine Feinde hat, die ihm wirklich gefährlich werden können. Wenn der Löwe sein lautes, Furcht erregendes Gebrüll ertönen lässt, ergreifen alle anderen Tiere schnell die Flucht.

Die Löwenfamilie

Löwen leben in Rudeln. Das Jagen übernehmen meist die Weibchen. Ist die Beute erlegt, kommen auch die Männchen dazu und das Fressen wird unter den Tieren verteilt. Die Mütter der Gruppe kümmern sich gemeinsam um die Jungen, die alle zur gleichen Zeit geboren werden. Tagsüber liegen Löwen gemeinsam im Schatten der Bäume und ruhen sich aus.

ELEFANT

Elefanten leben in Herden im Grasland Afrikas und in den Wäldern Asiens. Der Asiatische Elefant hat kleine Ohren, glatte Haut und ist etwas kleiner als sein afrikanischer Verwandter mit großen Ohren, langen Stoßzähnen und runzeliger Haut. Fast den ganzen Tag, bis zu 20 Stunden, sind Elefanten mit dem Fressen beschäftigt.

Elefanten lieben Schlammbäder

Elefanten baden gern im Wasser und wälzen sich ausgiebig in Schlamm und Staub. Mit der dicken Erdkruste schützen sie ihre Haut vor Insektenstichen und Sonnenbrand.

Elefanten	
Größe:	bis 7,50 Meter lang, bis 4 Meter hoch
Gewicht:	bis 7500 Kilogramm (so viel wie ein LKW)
Nahrung:	sie fressen Gras, Zweige mit Blättern, Früchte und Wurzeln von Bäumen
Verbreitung:	Afrika und Asien (Indien)

Wozu gebrauchen Elefanten ihren Rüssel?

Mit ihrem langen Rüssel können sie geschickt greifen wie mit einer Hand. Die Tiere reinigen und verteidigen sich damit, hauptsächlich brauchen sie ihn aber zum Trinken und Fressen. Mit ihm saugen sie Wasser auf, rupfen Grasbüschel und Blätter und führen sie zum Maul. Durch lautes Trompeten und mit erhobenem Rüssel schüchtern Elefanten ihre Feinde ein.

GIRAFFE

Giraffen leben in den Graslandschaften Afrikas. Sie sind die höchsten Tiere der Erde und könnten Wasser aus der Dachrinne eines Hauses trinken. Mit ihrem langen Hals erreichen sie mühelos ihre Lieblingsspeise, die Blätter und Früchte hoher Akazienbäume.

Giraffen

Größe:	bis 4,70 Meter lang, bis 5,80 Meter hoch
Gewicht:	bis 1900 Kilogramm
Nahrung:	sie fressen Blätter, Knospen, Rinde, frische Triebe und Blüten, am Tag bis zu 85 Kilogramm
Verbreitung:	Afrika

So trinkt die Giraffe

Zum Trinken muss die Giraffe ihre langen Vorderbeine weit auseinander grätschen oder sich hinknien, sonst kommt sie nicht ans Wasser. Feinden wie zum Beispiel Löwen ist sie dann fast hilflos ausgeliefert. Deshalb trinkt sie ihre Tagesration auf einmal.

Wie werden Giraffenbabys geboren?

Giraffen bringen nach 15 Monaten ein einziges Baby zur Welt. Die Muttertiere bleiben bei der Geburt stehen. Das kleine Kälbchen plumpst daher aus fast zwei Metern Höhe auf den Boden. Unverletzt steht es schon bald nach der Geburt auf und trinkt zum ersten Mal Milch bei der Mutter. Kurze Zeit später wandert die junge Giraffe schon in der Herde mit.

Zebras

Größe:	bis 3 Meter lang, bis 1,40 Meter hoch
Gewicht:	bis 430 Kilogramm
Nahrung:	die Tiere fressen am liebsten Gras, manchmal aber auch Blätter und Baumrinde
Verbreitung:	Afrika

Zebras leben in Gruppen im trockenen Grasland Afrikas. Sie bevorzugen weite Flächen mit wenigen Bäumen. Dort können sie Feinde schnell erkennen und flüchten. Erwachsene Tiere schlafen im Stehen, Fohlen legen sich hin. Während die Herde schläft, hält meistens ein Tier Wache.

Körperpflege

Zebras wälzen sich im Sand und rubbeln so Dreck und lästige Insekten weg. Danach schütteln sie kräftig den Staub ab. Oft sitzen auch Vögel auf dem Rücken von Zebras, die Insekten aus dem Fell picken.

Warum sind Zebras gestreift?

Zebras haben ein auffälliges Fell mit schwarzen und weißen Streifen. Jedes Tier hat sein eigenes Streifenmuster, an dem sich die Mitglieder einer Gruppe erkennen. Wird eine Herde von einem Löwen gejagt, verwirren die verschiedenen Streifenmuster und der Jäger kann einzelne Tiere nur schwer unterscheiden. So können oft alle entkommen.

SCHIMPANSE

Von allen Tieren sind die Schimpansen dem Menschen wohl am ähnlichsten. Es sind schlaue Tiere, die Werkzeuge gebrauchen können, zum Beispiel, um an ihr Fressen zu gelangen. Mit Stöcken stöbern sie in Löchern nach Insekten oder sie benutzen Moos als Schwamm, um Wasser daraus zu trinken.

Schlafnester

Schimpansen leben in Rudeln. Abends bauen sie sich in Bäumen Schlafnester aus Zweigen und Laub. Oben im Baum sind die Nester der Weibchen und der Mütter mit den Jungen, unten schlafen die Männchen als Wachen.

Schimpansen

Größe:	bis 1,70 Meter groß
Gewicht:	bis 60 Kilogramm
Nahrung:	sie fressen verschiedene Früchte, Blätter, Nüsse, Rinde, kleine Tiere, Ameisen und andere Insekten
Verbreitung:	Afrika

Gut gepflegt

Man kann oft sehen, wie sich Affen gegenseitig das Fell kraulen. Das nennt man lausen, auch wenn dabei nicht immer nur Läuse gesucht werden. Beim Lausen wird das Fell auseinander gehalten und kleine Hautschuppen abgesucht. Schimpansen lausen sich nur, wenn sie sich mögen, zum Beispiel machen es Mütter bei ihren Jungen oder Geschwister untereinander.

GORILLA

Gorillas sind die größten Affen. Sie haben kräftige Schultern und ihre Arme sind deutlich länger als die Beine. Weil sie so schwer sind, können sie nicht so gut klettern. Gorillas haben ein dichtes, schwarzes Fell. Sie sind friedliche Tiere und ziehen mit ihren Familien in den Regenwäldern Afrikas umher.

Gorillas

Größe:	bis 1,80 Meter groß
Gewicht:	bis 275 Kilogramm
Nahrung:	sie fressen nur Pflanzen wie zum Beispiel Blätter, Wurzeln, Sprossen, Rinde und auch tropische Früchte
Verbreitung:	Afrika

Mutter und Kind

Junge Gorillas bleiben länger bei ihren Müttern als die meisten anderen Tiere. Ungefähr drei Jahre leben sie mit ihnen im Baumnest, werden gesäugt und verbringen die meiste Zeit mit Spielen.

Der Familienvater

Eine Gorillafamilie mit mehreren Weibchen und ihren Jungen wird von einem starken, älteren Männchen angeführt. Sein Fell ist auf dem Rücken silbergrau. Deshalb wird es Silberrücken genannt. Das Familienoberhaupt verteidigt die Familie, indem es laut schreit und sich mit den Fäusten auf die Brust trommelt, um Feinde einzuschüchtern.

Nashörner

Größe:	bis 3,75 Meter lang, bis 1,90 Meter hoch
Gewicht:	bis 2300 Kilogramm
Nahrung:	sie fressen Gräser, Blätter, Knospen, Zweige und kleine Äste verschiedener Sträucher und Bäume
Verbreitung:	Afrika und Asien

NASHORN

Nashörner leben in den Graslandschaften Afrikas und Asiens. Nach den Elefanten sind sie die schwersten an Land lebenden Tiere. Sie haben eine dicke, faltige Haut, die sie wie eine Ritterrüstung gegen Feinde schützt. Nashörner sehen schlecht, dafür können sie gut riechen und hören. Ihre Feinde nehmen sie auf kurze Entfernung wahr.

Gefährliche *Hörner*

Die spitzen Hörner auf der Nase sind sehr hart und scharf wie ein Dolch. Nashörner sind friedliche Tiere. Bei Gefahr können sie sich aber gut mit ihrem Horn verteidigen.

Warum sitzen auf ihrem Rücken oft Vögel?

Auf dem Rücken der Nashörner sitzen häufig bunte Vögel, die Madenhacker heißen. Sie picken Insekten und Zecken auf, die sich in der Haut der Nashörner einnisten. Bei Gefahr kreischen die Madenhacker laut auf und warnen die Nashörner so vor Feinden wie zum Beispiel Löwen. Die beiden Gefährten sind daher unzertrennlich.

ANTILOPE

Antilopen sind Hornträger und es gibt viele verschiedene Arten. Rappenantilopen zum Beispiel leben in größeren Herden in Afrika. Sie bevorzugen Graslandschaften mit einigen Bäumen und Büschen und halten sich gern in der Nähe von Gewässern auf.

Woher haben sie ihren Namen?

Rappenantilopen haben am Kopf und am Bauch ein helles Fell. Der Rest ist bei den Jungtieren und den Weibchen rotbraun. Die Männchen haben ein dunkelbraunes Fell, das im Alter fast schwarz wird. Darum heißen diese Antilopen wie schwarze Pferde »Rappen«.

Antilopen	
Größe:	bis 2,30 Meter lang, bis 1,40 Meter hoch
Gewicht:	bis 250 Kilogramm
Nahrung:	sie ernähren sich vorwiegend von Gras
Verbreitung:	Afrika

Große Hörner

Die geringelten Hörner der Rappenantilopen sind nach hinten gebogen und können beim Männchen bis 1,70 Meter lang werden, beim Weibchen bleiben sie kürzer. Beim Kampf mit anderen Antilopen setzen die Männchen ihre langen Hörner als Waffe ein und treffen sehr genau damit. Gegen Löwen und andere Feinde verteidigen sie sich sogar mit heftigen Huftritten.

BÜFFEL

Büffel

Größe:	bis 3,40 Meter lang, bis 1,70 Meter hoch
Gewicht:	bis 680 Kilogramm
Nahrung:	sie bevorzugen Gräser, Blätter, verschiedene Kräuter und auch hartes Schilf
Verbreitung:	Afrika und Asien

Büffel sind große, kräftige Rinder mit mächtigen Hörnern. Kaffernbüffel haben ein rotbraunes bis schwarzes Fell. Sie leben in kleinen Herden in Graslandschaften, Schilfdickichten und lichten Wäldern Afrikas, immer in der Nähe von Wasserstellen.

Lästige Insekten

Um sich vor Insekten zu schützen, suhlen sich die Büffel in schlammigem Wasser. Der getrocknete Schlamm bildet eine schützende Kruste auf der Haut. Nach dem Bad scheuern sich die Tiere an Bäumen und reiben die lästigen Insekten aus dem Fell.

Im Schutz der Herde

Nach ihrer Geburt können die kleinen Kälber der Kaffernbüffeln sofort auf den eigenen Beinen stehen und ihrer Mutter und der Herde folgen. Der Vater bleibt in der Nähe von Mutter und Kind und wenn ein Jungtier von einem Löwen, einem Krokodil oder einer Hyäne angegriffen wird, kommt ihm die ganze Herde zu Hilfe.

HYÄNE

Hyänen leben in den trockenen Graslandschaften und Halbwüsten in Afrika und in Teilen von Asien. Sie sind schnelle Läufer. Ihre Vorderbeine sind länger und kräftiger als die Hinterbeine. Deshalb haben sie einen nach hinten abfallenden Rücken und einen wackelnden Gang.

Hyänen

Größe:	bis 1,80 Meter lang, bis 0,90 Meter hoch
Gewicht:	bis 65 Kilogramm
Nahrung:	sie sind Allesfresser, sie fressen Tiere bis zur Größe von Zebras und Aas
Verbreitung:	Afrika und Asien

Der stärkste Biss

Beim Fressen halten die Hyänen ihre Beute mit den Vorderpfoten gut fest. Mit ihren kräftigen Kiefermuskeln und ihrem starken Gebiss mit harten, scharfen Zähnen können sie das Fleisch, die zähe Haut und sogar dicke Knochen der Beute zerbeißen.

Jäger und Aasfresser

Nachts kann man Hyänen schaurig heulen hören. Durch ihre langen, dumpfen Schreie verständigen sie sich und gehen dann gemeinsam auf die Suche nach Futter. Hyänen jagen Zebras und Antilopen und greifen alle Arten von verletzten Tieren an, sogar Elefanten und Löwen. Sie ernähren sich auch von Aas, so nennt man das Fleisch toter Tiere.

FLUSSPFERD

Flusspferde haben einen großen Kopf mit einer breiten Schnauze und einen Körper wie eine Tonne. Trotz der kurzen, stämmigen Beine können sie schnell laufen. Sie leben an Ufern von Flüssen und Seen in Afrika. Man nennt sie auch Nilpferde, weil früher viele von ihnen am Fluss Nil lebten.

Glatte, unbehaarte Haut

Flusspferde tummeln sich die meiste Zeit im Wasser, damit ihre empfindliche Haut nicht austrocknet. Abends steigen sie ans Ufer und fressen dort mehrere Stunden lang Gras. Ihre Haut wird dann durch einen glitschigen, roten Schleim geschützt.

Flusspferde

Größe:	bis 4,50 Meter lang, bis 1,65 Meter hoch
Gewicht:	bis 3000 Kilogramm
Nahrung:	sie fressen am liebsten Gras und Wasserpflanzen, bis zu 70 Kilogramm an einem Tag
Verbreitung:	Afrika

Wie lebt das Flusspferd im Wasser?

Flusspferde sind sehr gute Schwimmer und Taucher. Sie können mühelos auf dem Grund eines Sees spazieren gehen und Wasserpflanzen fressen. Im Wasser kommen auch die Jungen zur Welt. Nach der Geburt nimmt die Mutter ihr Kleines auf ihre breite Schnauze und hebt es zum Luftholen an die Wasseroberfläche. Wenn das Junge bei der Mutter Milch trinken will, muss es untertauchen.

KROKODIL

Krokodile

Größe:	bis 6 Meter lang
Gewicht:	bis 1000 Kilogramm
Nahrung:	sie fressen Fische, Vögel und Tiere, wie zum Beispiel Büffel oder Antilopen, die zum Trinken ans Wasser kommen
Verbreitung:	Afrika, Asien, Amerika und Australien

Krokodile sind Nachkommen der Großsaurier und haben einen harten Panzer aus dicken Hornplatten. Die Nilkrokodile leben in und am Wasser in Afrika, vor allem am Fluss Nil.

Auf Beutefang

Regungslos liegen die Krokodile am Ufer oder unter der Wasseroberfläche, nur Augen und Nasenlöcher ragen heraus, und lauern auf ihre Beute. Kommt ein Tier ans Wasser, stoßen sie sich blitzschnell mit dem Schwanz und den Hinterbeinen ab, schnappen es mit ihren scharfen, dolchartigen Zähnen und ziehen es zum Fressen ins Wasser.

Krokodile legen Eier

Die Weibchen der Nilkrokodile buddeln mit den Hinterbeinen ein Loch am Ufer. Sie legen etwa 80 Eier hinein und werfen es mit Sand zu. Bevor die Kleinen aus den Eiern schlüpfen, rufen sie ihre Mutter, damit sie das Gelege wieder freischaufelt. Sind die Jungen geschlüpft, nimmt die Mutter sie vorsichtig ins Maul und trägt sie so sicher zum Wasser.

STRAUSS

Der Strauß ist der größte lebende Vogel. Weil er so groß und schwer ist, kann er nicht fliegen, er ist jedoch ein sehr schneller Läufer. Die Tiere leben in Familien mit einem Hahn und mehreren Hennen in den weiten Graslandschaften und Halbwüsten Afrikas und Vorderasiens.

Immer auf Wachposten

Strauße haben einen langen Hals und beobachten ständig ihre Umgebung. Ihre Augen sehen sehr gut und sind mit langen Wimpern vor Staub geschützt. So können Strauße Gefahren früh erkennen und davonrennen.

Strauße

Größe:	bis 2 Meter lang, bis 3 Meter hoch
Gewicht:	bis 150 Kilogramm
Nahrung:	Strauße sind Allesfresser, sie mögen Pflanzenteile, Insekten und kleine Nagetiere
Verbreitung:	Afrika

Eier im Gemeinschaftsnest

Der Hahn einer Straußenfamilie baut ein Nest, in das mehrere Hennen der Gruppe ihre Eier legen. Ein Ei ist etwa so groß wie ein Spielball. In der Nacht brütet der Hahn selbst die Eier, am Tag darf seine Lieblingsfrau auf dem Nest sitzen. Wenn die Jungen geschlüpft sind, bleiben sie nur zwei Tage im Nest, dann können sie ihren Eltern bereits folgen.

ERDMÄNNCHEN

In Savannen, steinigen Trockengebieten und in Halbwüsten, in denen es fast keine Sträucher und Bäume gibt, leben die Erdmännchen. Sie sind sehr gesellige Tiere und bewohnen weitläufige unterirdische Erdhöhlen. Weil sie ständig am Boden nach Fressbarem scharren, werden sie auch »Scharrtiere« genannt.

Erdmännchen

Größe:	bis 35 Zentimeter lang, mit einem bis 25 Zentimeter langen Schwanz
Gewicht:	bis 800 Gramm
Nahrung:	sie fressen Insekten, Spinnen, Mäuse, Vögel und auch Schlangen
Verbreitung:	Afrika

»Sonnenanbeter«

Erdmännchen sind Frühaufsteher und sie lieben die Wärme. In den Morgenstunden kann man sie häufig vor ihrem Bau sitzen sehen und beobachten, wie sie ein ausgiebiges Sonnenband nehmen. In der Nacht kuscheln sie sich in ihrem Bau zu mehreren dicht aneinander.

Perfekte Arbeitsteilung

Die Erdmännchen haben ihren Namen daher, weil sie sich auf die Hinterbeine erheben und Männchen machen. Der Schwanz dient dabei als Stütze. Erdmännchen teilen sich die Arbeit auf. Während die einen Wache halten, gehen andere auf die Jagd, passen auf die Kleinen auf oder graben einen neuen Bau.

Kamele	
Größe:	bis 3,40 Meter lang, bis 2,30 Meter hoch
Gewicht:	bis 1000 Kilogramm
Nahrung:	sie fressen Gras, Kräuter, Blätter und Äste, oft finden sie nur harte, dornige Pflanzen
Verbreitung:	Afrika und Asien

KAMEL

In den Wüsten Afrikas und Asiens leben die Kamele. Man unterscheidet die Trampeltiere mit zwei Höckern und die Dromedare, die nur einen Höcker haben. Als Haustiere tragen sie Lasten und dienen zum Reiten.

Optimal angepasst an das Leben in der Wüste

Kamele haben breite Fußsohlen, die das Einsinken im losen Sand verhindern. Ihre Augen werden von dichten Wimpern geschützt. Bei Sandstürmen können sie ihre Nasenlöcher schließen. Außerdem können Kamele tagelang ohne Nahrung und Wasser auskommen.

Warum haben Kamele Höcker?

Für Wüstenwanderungen müssen Kamele Fettpolster in ihren Höckern sammeln, von denen sie lange leben können. Nach einem Marsch durch eine Wüste ohne Fressen hängen die Höcker schlapp herunter. Wasser speichern Kamele in ihrem Magen. Kommen sie an ein Wasserloch, können sie bis zu 150 Liter Wasser auf einmal trinken, das sind 15 große Eimer.

TIGER

Tiger haben ein braunes Fell mit dunklen Streifen. Sie werden noch größer als Löwen und sind die größten Raubkatzen der Erde. Tiger leben in Wäldern und im Grasland in Asien. Ihr Fell ist eine gute Tarnung zwischen den Bäumen und Stängeln.

Das Revier

Tiger leben als Einzelgänger, die in einer ganz bestimmten Gegend, ihrem Revier, umherstreifen. Dort bauen sie sich an verschiedenen Stellen – zum Beispiel hinter Felsen oder in Erdspalten – Schlafplätze, die sie mit Laub gemütlich auspolstern.

Tiger	
Größe:	bis 2,80 Meter lang, bis 1,10 Meter hoch
Gewicht:	bis 280 Kilogramm
Nahrung:	sie fressen Antilopen, Hirsche, Wildschweine, Wildrinder, Fische, Echsen und Vögel
Verbreitung:	Asien

Gefährliche Jäger

Tiger lauern ihrer Beute meistens an einer Wasserstelle auf. Kommt ein Tier zum Trinken, schleicht sich der Tiger lautlos an, springt auf seine Beute und beißt das Tier in den Nacken oder schlägt mit seiner mächtigen Pranke zu. Hat der Tiger ein großes Tier erlegt und kann nicht alles gleich fressen, versteckt er den Rest unter Laub und frisst später.

JAGUAR

Die größte Raubkatze in Amerika ist der Jaguar. Sein helles Fell ist auffällig gemustert. Es hat schwarze Flecken, die aussehen wie ein Ring. Manchmal ist sein Fell auch schwarz.

Jaguare

Größe:	bis 75 Zentimeter Schulterhöhe, bis 1,85 Meter lang
Gewicht:	bis 150 Kilogramm
Nahrung:	Hirsche, Affen, Vögel, Fische, Schildkröten, Mäuse, Tapire
Verbreitung:	Südamerika

Ein Jäger auf leisen Pfoten

Der Jaguar lebt im Regenwald. Die vielen Bäume, das Gebüsch und die hohen Gräser dort sind eine sehr gute Tarnung für die Raubkatze. Mit seinem gefleckten Fell fällt der Jaguar so fast gar nicht auf. Auf der Jagd kann er sich auf leisen Pfoten an seine Beute heranschleichen. Weil der Jaguar ein sehr guter Schwimmer ist, fängt er auch Fische.

In Gefahr

Leider ist der Jaguar sehr selten geworden. Wilderer jagen ihn, weil sein schönes Fell sehr begehrt ist. Der Jaguar ist aber auch gefährdet, weil sein Lebensraum von den Menschen immer mehr zerstört wird. Jeden Tag werden große Waldflächen abgeholzt. Deshalb ist es sehr wichtig, dass der Regenwald in Zukunft besser geschützt wird.

PSST – ANSCHLEICHER BEI DER ARBEIT

Pandas

Größe:	bis 1,80 Meter lang, bis 0,80 Meter hoch
Gewicht:	bis 110 Kilogramm
Nahrung:	sie fressen fast ausschließlich frische Bambusblätter und Stängel, etwa 15 Kilogramm täglich
Verbreitung:	Asien (China)

PANDA

Der Große Panda kommt nur noch in China in den Bergen vor, dort wo es große Bambuswälder gibt. Er hat ein flauschiges, sehr dichtes, schwarzweißes Fell mit schwarzen Ringen rund um die Augen.

Winzige Babys

Pandas bekommen meist ein Junges, manchmal zwei. Das Pandababy ist bei der Geburt sehr klein und wiegt nur etwa 100 Gramm. Anfangs muss die Mutter es ständig wärmen, dazu hält sie es eng an ihre Brust. Das Kleine wächst aber sehr schnell und kann schon bald selbstständig krabbeln.

Große Pandas fressen Bambus

Darum heißen sie auch Bambusbären. An den Vorderpfoten haben sie spezielle Ballen, die sie wie Daumen benutzen, um die Bambusstängel zu greifen. Bambus macht nicht schnell satt, darum müssen Pandas riesige Mengen davon fressen. Ohne Bambus verhungert der Bär. Da es nur noch wenige Bambuswälder gibt, ist der Panda sehr selten.

Bären

Größe:	bis 3 Meter lang
Gewicht:	bis 780 Kilogramm
Nahrung:	sie fressen Beeren, Nüsse, Pilze, Wurzeln, Honig, Fische und kleine Tiere
Verbreitung:	Nordamerika, Nordeuropa, und Nordasien

BÄR

Die meisten Bären sind groß und stark und haben mächtige Tatzen mit scharfen Krallen. Der häufigste Bär ist der Braunbär. Er sieht nicht gut, kann aber sehr gut hören und riechen. Sein Fell ist besonders dick und hält ihn auch bei großer Kälte warm.

Die Jungen

Im Winter bringt die Braunbärin in einer Höhle ihre Jungen zur Welt, meistens Zwillinge. Sie hält sie mit ihren Tatzen an die Brust. Die Kleinen kuscheln sich ganz nah an das warme Fell der Mutter und verlassen die Höhle erst nach etwa fünf Monaten.

Wie verbringen Bären den Winter?

Bis zum Herbst fressen Braunbären so viel sie können und setzen eine dicke Speckschicht an. Wenn der Winter beginnt, legen sie sich in ihre warme, mit Zweigen, Laub und Gras ausgepolsterte Höhle und halten Winterruhe. Die Bären atmen dann nur noch ganz wenig, ihr Herz schlägt sehr langsam, und sie leben bis zum Frühjahr von ihrem Winterspeck.

WOLF

Wölfe sind hundeartige Tiere mit meist grauem Fell, die Schäferhunden ähnlich sehen. Sie leben in Rudeln in einsamen Wäldern auf der nördlichen Erdhalbkugel.

Das Heulen der Wölfe

Wölfe machen laute Töne, die sich wie ein Heulen anhören. Sie legen den Kopf zurück, strecken die Schnauze in den Himmel und lassen ihr Heulen weit hören. Die Tiere heulen, wenn sie sich sammeln wollen oder wenn einzelne Tiere ihr Rudel verloren haben. Fängt ein Tier in der Gruppe an zu heulen, stimmen die anderen gleich mit ein.

Wölfe	
Größe:	bis 1,60 Meter lang, bis 1 Meter hoch
Gewicht:	bis 80 Kilogramm
Nahrung:	sie ernähren sich zum Beispiel von Mäusen, Schafen und Hirschen
Verbreitung:	Nordamerika, Asien und Europa

Wie jagen Wölfe?

Wölfe können sehr gut riechen und sind ganz ausdauernde Läufer. Sie jagen meist im Rudel, das dann von zwei Tieren angeführt wird. So können sie größere Tiere wie Elche oder Bären erlegen. Haben sie eine Beute gefunden, kreisen die Wölfe sie ein und lassen ihr keinen Ausweg mehr. Auch die Tiere, die nicht mit auf die Jagd gehen, werden vom Rudel mit Fressen versorgt.

LUCHS

Luchse sind große Wildkatzen mit langen Beinen und einem kurzen Schwanz. An den Ohrspitzen wachsen ihnen lange Haarpinsel, die ihnen helfen, besser zu hören. Durch ihr gelbbraunes, getupftes Fell sind sie zwischen den Blättern und Ästen gut getarnt.

Luchse

Größe:	bis 1,10 Meter lang, bis 75 Zentimeter Schulterhöhe
Gewicht:	bis 38 Kilogramm
Nahrung:	sie fressen Säugetiere bis zur Größe von Rehen und auch Vögel
Verbreitung:	Amerika, Asien und Europa

Sehen im Dunkeln

Der Luchs ist ein Nachttier. Seine Augen sehen besonders scharf. Tagsüber sind die Pupillen zu schmalen Schlitzen zusammengezogen. Bei Einbruch der Dämmerung weiten sie sich zu einem Kreis. So kann besonders viel Licht in die Augen eindringen.

Auf Beutezug

In der Nacht geht der Luchs auf die Jagd. Unbeweglich, hinter Ästen verborgen, lauert er seiner Beute geduldig auf und schleicht sich dann vorsichtig an sie heran. Erst wenn er sich auf wenige Meter angenähert hat, springt er auf sein Opfer zu, reißt es mit seinen kräftigen Tatzen zu Boden und tötet es mit einem kräftigen Biss in den Hals.

Rehe

Größe:	bis 90 Zentimeter Schulterhöhe, bis 1,40 Meter lang
Gewicht:	bis 50 Kilogramm
Nahrung:	sie fressen Blätter, Knospen, Kräuter, Gräser, Früchte, Sprossen, Samen
Verbreitung:	Asien und Europa

In kleinen Rudeln leben die Rehe in unseren Wäldern. Am besten kann man sie morgens oder abends beobachten, denn in der Dämmerung kommen die scheuen Tiere auf Lichtungen und Wiesen am Waldrand, um zu äsen (fressen). Die Männchen, die Rehböcke, sind an ihrem kleinen Geweih zu erkennen.

Flink und wendig

Rehe sind gewandte und ausdauernde Läufer. Werden sie von Feinden wie zum Beispiel Füchsen verfolgt, können sie bis zu acht Meter weite Sätze machen und auch über hohe Hindernisse springen.

Bitte nicht berühren!

Im Mai bringt die Ricke meist ein oder zwei hell gefleckte Kitze zur Welt. Diese legt sie an einem geschützten Platz ab und kommt nur zum Säugen und Säubern zurück. Wenn man ein solches Kitz findet, darf man es nicht berühren, denn das Junge würde den menschlichen Geruch annehmen. Dieser würde die Mutter vertreiben und das Kleine müsste vielleicht verhungern.

HIRSCH

Das größte Tier in unseren Wäldern ist der Rothirsch. Seinen Namen hat er von seinem leuchtend rotbraunen Sommerfell. Tagsüber hält er sich meist im dichten Wald versteckt und ruht sich aus. Im Winter kommt er aber gern an Futterstellen, wo man ihn dann ganz aus der Nähe beobachten kann.

Jedes Jahr ein neues Geweih

Die Rothirschmännchen tragen ein stattliches Geweih. Es besteht aus Knochen, die sehr schnell wachsen. Einmal im Jahr wird es abgeworfen und wächst dann innerhalb weniger Monate wieder neu.

Hirsche	
Größe:	bis 2,50 Meter lang, rund 1,25 Meter Schulterhöhe
Gewicht:	bis 250 Kilogramm
Nahrung:	Gräser, Kräuter, Knospen, Blätter, Triebe, Rinde, Kastanien und andere Früchte
Verbreitung:	Asien, Amerika und Europa

Die Brunftzeit

Im Herbst beginnt die Brunft, die Zeit, in der Hirsche ihre Familien gründen. Ein lautes Brummen, das Röhren der Männchen, schallt dann durch den Wald und zwischen den Hirschbullen finden heftige Kämpfe um die Hirschkühe statt. Mit gesenkten Köpfen schlagen sie ihre Geweihstangen gegeneinander, bis es einem gelingt, den anderen in die Knie zu zwingen.

BIBER

Biber leben an langsam fließenden Gewässern und flachen Seen. Dort bauen sie Dämme, Kanäle und Burgen. Die dafür benötigten Baumstämme nagen sie mit ihren scharfen Vorderzähnen rundherum an, bis sie wie eine Buntstiftspitze aussehen, und stoßen sie um.

Biber

Größe:	bis 1,00 Meter lang, bis 0,35 Meter hoch
Gewicht:	bis 30 Kilogramm
Nahrung:	sie fressen Wasserpflanzen, Rinde, Blätter, Kräuter und weiches Holz
Verbreitung:	Asien, Europa und Nordamerika

Gut ausgerüstet für das Leben im Wasser

Ein dichtes Fell schützt den Biber vor Kälte und Nässe. Er hat Schwimmhäute an den Hinterpfoten und einen Ruderschwanz, Ohren und Nase kann er verschließen. So kann er sehr gut schwimmen und tauchen.

Die Biberburg

Biber bauen erst einen Damm aus Steinen, Ästen und Schlamm, um das Wasser zu stauen. Die Wohnburg wird dann mitten in dem Stausee aus Zweigen und Ästen errichtet. Ihr Eingang liegt tief unter Wasser, gut versteckt vor Feinden. Die Burg schützt den Biber im Sommer vor Hitze, im Winter vor Kälte und sie dient als Lager für seine Wintervorräte.

WASCHBÄR

Am schwarzbraun geringelten Schwanz und an der schwarzen »Räubermaske« im hellen, spitzen Gesicht sind Waschbären gut zu erkennen. Sie leben in Laubwäldern, gern in der Nähe von Gewässern und können gut schwimmen und klettern.

Leben in der Höhle

Waschbären sind abends und nachts aktiv. Tagsüber schlafen sie in Baum- oder Felshöhlen. Hier bekommen sie ihre Jungen und verbringen den Winter. Sie ruhen sich bei der Kälte aus und leben dann von dem Speck, den sie sich im Herbst angefressen haben.

Waschbären	
Größe:	bis 60 Zentimeter lang, bis 31 Zentimeter Schulterhöhe
Gewicht:	bis 22 Kilogramm
Nahrung:	Krebse, Frösche, Fische, Würmer, Insekten, Beeren und Früchte
Verbreitung:	Amerika, Asien und Europa

Woher hat der Waschbär seinen Namen?

Am liebsten fressen Waschbären kleine Wassertiere, die sie mit den Krallen ihrer Vorderfüße vom Grund des Wassers sieben. Seinen Namen hat der Bär, weil es so aussieht, als ob er sein Futter wäscht. Hat er etwas Fressbares gefunden, dreht er es in seinen Vorderpfoten und betastet die Nahrung von allen Seiten. Häufig taucht er sie auch ins Wasser, um den Tastsinn der Pfoten zu erhöhen.

Otter

Größe:	bis 85 Zentimeter
Gewicht:	bis 16 Kilogramm
Nahrung:	Fische, Krebse, Muscheln, Frösche, Würmer, Wasservögel, Wasserratten und Mäuse
Verbreitung:	Asien, Amerika und Europa

Fischotter sind ausgezeichnete Schwimmer und Taucher. Sie haben ein wasserdichtes Fell, einen langen, kräftigen Ruderschwanz und Schwimmhäute an den Vorder- und Hinterfüßen. Die Nasenlöcher und Ohren können sie verschließen und dann einige Minuten unter Wasser bleiben.

Auf Fischfang

Auf Fische lauert der Otter vom Ufer aus oder von einem Ast, der über dem Wasser hängt. Von dort gleitet er lautlos ins Wasser, packt den Fisch mit seinem Maul und bringt ihn dann an Land, um ihn zu verspeisen.

Gut versteckt

Fischotter führen ein verborgenes Leben an Flüssen und Seen, deren Ufer mit vielen Bäumen und Pflanzen bewachsen sind. An den Uferböschungen bauen sie ihre Höhle. Der Eingang liegt immer unter Wasser. So gut vor Feinden geschützt kommen im Frühjahr bis zu vier Junge zur Welt. Die Kleinen sind blind und hilflos und werden gut von ihrer Mutter versorgt.

Esel

Größe:	bis 1,50 Meter Schulterhöhe
Gewicht:	bis 350 Kilogramm
Nahrung:	Gras, Heu und harte, stachlige Pflanzen wie Disteln
Verbreitung:	Südeuropa, Afrika, Asien, Amerika und Australien

ESEL

Esel haben ein graues oder braunes Fell und lange Ohren. Sie sind sehr ausdauernd, können gut klettern und legen mühelos lange Strecken zurück. Wenn Esel sich fürchten, werden sie störrisch und verteidigen sich durch Bisse und Huftritte.

Maulesel und Maultier

Esel und Pferde sind nah miteinander verwandt und können zusammen Kinder bekommen. Ist die Mutter ein Esel und der Vater ein Pferd, heißen die Kinder »Maulesel«, ist der Vater ein Esel und die Mutter ein Pferd, nennt man sie »Maultiere«.

Lastenträger

In vielen Ländern sind Esel immer noch wichtige Arbeitstiere, die vor allem zum Transportieren von Lasten gebraucht werden. Auch bei uns trugen Esel früher zum Beispiel schwere Getreidesäcke zur Mühle und kehrten mit Mehlsäcken beladen zum Bauernhof zurück. Dass Esel bereit sind, sich schwerste Lasten aufbürden zu lassen, hat ihnen wohl den Ruf der Dummheit eingebracht.

# LAMA

Lamas leben in kleinen Rudeln in den kalten Gras- und Hochgebirgslandschaften Südamerikas. Sie können sehr gut klettern. Ein dichtes Wollkleid schützt sie gegen die Kälte.

Lamas

Größe:	bis 2 Meter lang, bis 1,30 Meter hoch
Gewicht:	bis 120 Kilogramm
Nahrung:	die Tiere ernähren sich von verschiedenen Gräsern, Kräutern, Blättern und Moosen
Verbreitung:	Südamerika

Lamas sind Haustiere

Schon vor vielen, vielen Jahren haben die Menschen aus den wilden Guanakos das Lama als Haustier gezüchtet. In den Bergen setzen sie die Lamas zum Tragen von Lasten ein. Aus der dicken, braunen oder weißen Wolle der Tiere stellen sie Garne für warme, weiche Kleidung oder auch dicke Stricke und Matten her.

Abstand halten: Lamas spucken

Eine Lamafamilie wird von einem Männchen als Leittier und etwa zehn Weibchen mit ihren Jungen gebildet. Die Familie wird von dem Leittier gegen andere Männchen verteidigt. Kommt es zu einem Kampf, legen die Tiere ihre Ohren zurück, schauen sich an und spucken dem Gegner zielsicher in die Augen.

KÄNGURU

In den Wäldern und felsigen Graslandschaften Australiens leben die Kängurus am Boden, wenige Arten klettern auch auf Bäume.

Babys im Beutel

Kängurus gehören zu den Beuteltieren, weil die Weibchen am Bauch einen Beutel im Fell haben, in denen ihre Jungen aufwachsen. Die Kleinen sind bei der Geburt etwa so groß wie ein Daumen, krabbeln sofort in die Brusttasche ihrer Mutter und werden dort gesäugt. Nach einigen Wochen können sie den Beutel verlassen, kommen aber noch einige Zeit, besonders bei Gefahr, wieder zurück.

Kängurus

Größe:	bis 1,60 Meter hoch, mit einem bis 1,10 Meter langen Schwanz
Gewicht:	bis 60 Kilogramm
Nahrung:	sie fressen Gräser, verschiedene Kräuter, Blätter und auch Rinde
Verbreitung:	Australien, Tasmanien und Neuguinea

Große Sprünge

Beim Springen stoßen die Kängurus sich mit ihren starken, langen Hinterbeinen kräftig ab und halten mit ihrem Schwanz das Gleichgewicht. Riesenkängurus springen etwa zehn Meter weit, drei Meter hoch und können fast so schnell werden wie ein Rennpferd. Der kräftige Schwanz dient auch als Stütze, wenn sie sich ausruhen.

EISBÄR

Eisbären

Größe:	bis 2,50 Meter lang
Gewicht:	bis 1000 Kilogramm
Nahrung:	sie fressen Fische, Robben, Walrosse und gestrandete Wale, manchmal auch menschliche Abfälle
Verbreitung:	Arktis (= Nordpol)

Eisbären leben auf den Inseln und an den Küsten des nördlichen Eismeeres. Sie sind hervorragende Schwimmer und Taucher. Ein dichtes, weißes Fell und eine dicke Fettschicht schützen sie vor der eisigen Kälte. Ihr Pelz geht sogar bis unter die Tatzen, damit sie keine kalten Füße bekommen.

Auf Robbenjagd

Der Eisbär verharrt ganz still an einem Wasserloch und wartet oft stundenlang, bis eine Robbe zum Luftholen auftaucht. Dann schlägt er blitzschnell mit seiner riesigen Pranke zu.

Schutz in der Schneehöhle

Wenn es Winter wird, graben sich die Eisbären eine Höhle in den lockeren Schnee. Hier können sie sich vor der Kälte und der Dunkelheit verkriechen und Winterruhe halten. Die Weibchen bekommen in der Schneehöhle ihre zwei oder drei Jungen. Sie wärmen die Kleinen mit ihrem dicken Fell und säugen sie. Erst nach vier bis fünf Monaten verlassen die Tiere ihre Höhle.

PINGUIN

Pinguine sind Vögel, können aber nicht fliegen, weil ihre Körper zu schwer und die Flügel zu klein sind. An Land bewegen sie sich unbeholfen, aber im Wasser sind sie ausgezeichnete Schwimmer und Taucher. Ihre Flügel setzen sie wie Flossen ein.

Die Männchen brüten die Eier aus

Die Kaiserpinguine leben an den Küsten der Antarktis. Nachdem das Weibchen das Ei gelegt hat, wird es vom Männchen zwei Monate lang in einer Bauchfalte direkt über den Füßen ausgebrütet, denn ein Nest zu bauen, ist in der Eiswüste unmöglich.

Pinguine

Größe:	bis 1,20 Meter hoch
Gewicht:	bis 30 Kilogramm
Nahrung:	sie tauchen im Meer bis in große Tiefen nach kleinen Fischen, Krebsen, Krill (= Kleinkrebsen) und Tintenfischen
Verbreitung:	Antarktis (= Südpol)

Warum frieren Pinguine im Eis nicht?

Pinguine werden von einer dicken Fettschicht vor der kalten Luft und dem eisigen Wasser geschützt. Ihre Federn sind miteinander verhakt und bilden auch bei Sturm eine wärmende Luftschicht um den Körper. Die Federn haben eine ölige Oberfläche, die das Wasser abhält. Beim Brüten stehen Pinguine dicht zusammen, um sich vor der Kälte zu schützen.

SEEHUND

Seehunde leben in kleinen Gruppen in flachen Küstengewässern und im Wattenmeer. Oft kann man sie auf Sandbänken liegen sehen. Sie haben ein glattes graubraunes bis silbriges Fell und einen runden Kopf. Ihre Ohren sind nur als kleine Löcher zu erkennen.

Seehunde

Größe:	bis 2 Meter lang
Gewicht:	bis 200 Gramm
Nahrung:	sie ernähren sich vorwiegend von Fischen, Tintenfischen und von Krabben
Verbreitung:	Küsten auf der Nordhalbkugel der Erde

Gute Schwimmer

An Land bewegen sich Seehunde plump und unbeholfen. Da sie ihre Hinterflossen nicht aufrecht unter den Körper stellen können, rutschen sie nur auf dem Bauch herum. Im Wasser sind sie wendige, schnelle Schwimmer und Taucher.

Kleine Seehunde sind Heuler

Seehundbabys kommen im Sommer auf den Sandbänken zur Welt und lernen bereits kurz nach der Geburt schwimmen. Manchmal lassen die Seehundmütter die Jungen kurze Zeit allein, weil sie nach Fressen tauchen wollen. Damit die Mütter ihre Jungen wiederfinden, geben die Kleinen einen lauten, heulenden Schrei von sich. Darum heißen sie auch Heuler.

PAPAGEI

Papageien

Größe:	bis 1 Meter lang
Gewicht:	bis 1,5 Kilogramm
Nahrung:	sie ernähren sich von Blüten, Beeren, Knospen, Samen, Blättern, Wurzeln und Insekten
Verbreitung:	Afrika, Amerika, Asien und Australien

Papageien haben einen gebogenen Schnabel und kurze, kräftige Beine. Ihre Zehen stehen sich gegenüber und bilden eine Greifhand. Damit können sie sich festhalten und Nahrungsstückchen in den Mund stecken. Aras sind die größten Papageien. Sie haben ein buntes Gefieder und einen langen Schwanz.

Der Schnabel

Mit ihrem starken, hakenförmigen Schnabel knacken Papageien Nüsse und Samen auf oder graben Insektenlarven aus. Oft nehmen sie ihn auch beim Klettern zur Hilfe wie einen dritten Fuß.

Können Papageien sprechen?

In Freiheit verständigen sich Papageien, zum Beispiel, wenn Gefahr droht. Sie stoßen dann ganz schrille Töne aus, die sehr gut und weit zu hören sind. In Gefangenschaft machen sie die menschliche Sprache nach. Einige Tiere können ganz deutlich sprechen und sogar die Melodie der Sprache wiederholen. Sie verstehen aber nicht, was sie nachplappern.

FLAMINGO

Flamingos leben an flachen Salzseen und Küstengewässern in riesigen Kolonien aus mehreren hunderttausend Tieren. Die Vögel haben große Flügel, biegsame Hälse und lange Beine, mit denen sie durchs Wasser waten.

Warum sind die Federn rosa?

Besonders auffällig sind die hübschen rosafarbenen Federn des Rosaflamingos. Diese Federn sind aber nicht immer rosa. Nur wenn die Vögel reichlich rote Krebse fressen, nehmen sie mit der Nahrung so viele Farbstoffe auf, dass auch die Federn davon gefärbt werden, sonst sind sie ganz blass.

Flamingos

Größe:	bis 1,30 Meter lang, bis 1,90 Meter hoch
Gewicht:	bis 3,5 Kilogramm
Nahrung:	sie fressen kleine Krebse, Würmer, Schnecken, Algen und Kleinstlebewesen
Verbreitung:	Afrika, Amerika, Asien und Südeuropa

So fressen Flamingos

Sie stehen im flachen Wasser und halten ihren hakenförmigen Schnabel ins Wasser. Dabei nehmen sie Wasser auf, das kleine Tiere und Pflanzen enthält. An den Seiten hat der Schnabel Öffnungen wie ein Sieb. Drücken die Flamingos das Wasser mit ihrer dicken Zunge wieder aus dem Schnabel, bleiben die Tiere und Pflanzen dort hängen.

PELIKAN

In den Sumpfgebieten und an den Seen im Gebiet der Donaumündung findet man in Südeuropa die Rosapelikane. Sie leben in großen Gruppen in Kolonien und bauen ihre Nester auf Klippen oder auf Bäumen. Wenn es im Herbst kalt wird, ziehen die Vögel zum Überwintern nach Süden in wärmere Gebiete.

Pelikane

Größe:	bis 1,80 Meter lang, bis 3 Meter Flügelspannweite
Gewicht:	bis 11 Kilogramm
Nahrung:	die Tiere fangen mit dem Kehlsack Fische
Verbreitung:	Südeuropa (Brutgebiet), Afrika, Amerika und Asien

Gute Flieger und gute Schwimmer

Pelikane haben sehr breite, lange Flügel. Wenn sie abfliegen, sieht es zwar ungeschickt aus, doch sie sind gute und vor allem ausdauernde Flieger. Die vier Zehen des Pelikans sind durch Schwimmhäute miteinander verbunden.

Wozu haben Pelikane einen Kehlsack?

Rosapelikane haben unter dem langen Schnabel einen dehnbaren Kehlsack. Dieser ist so groß, dass man mehr als einen großen Eimer Wasser hineingießen könnte. Um Fische zu fangen, ziehen Pelikane ihren geöffneten Schnabel durchs Wasser und benutzen den Kehlsack wie einen Kescher. Wenn sie Junge haben, bringen sie im Kehlsack die Fische für die Kleinen zum Nest.

Adler

Größe:	bis 0,95 Meter lang, bis 2,20 Meter Flügelspannweite
Gewicht:	bis 5 Kilogramm
Nahrung:	sie fressen Nagetiere, Vögel und Hasen
Verbreitung:	Afrika, Amerika, Asien und Europa

ADLER

König der Lüfte wird der Adler genannt. Seine riesigen Schwingen erreichen Spannweiten von über zwei Metern. Mit ihnen kann er ohne einen Flügelschlag in der Luft segeln. Oft kreist er stundenlang am Himmel. Er ist so stark, dass er sogar Tiere so groß und schwer wie Lämmer davontragen kann.

Tödliche Krallen

Erspäht der Adler mit seinen scharfen Augen ein Beutetier am Boden, stürzt er sich zielsicher in die Tiefe, tötet es mit seinen kräftigen, spitzen Krallen und frisst es mit seinem starken, scharfen Schnabel.

Der Adlerhorst

Das Adlernest wird Horst genannt und befindet sich auf hohen Bäumen oder in Felswänden. Das riesige Nest besteht aus Ästen, Zweigen und einer weichen, mit Federn und Gräsern gepolsterten Nistmulde. Dort brüten die Weibchen meist zwei Eier aus. Die geschlüpften Jungen haben ein weißes, pelziges Dunenkleid und werden von den Eltern gefüttert.

EULE

In Kirchtürmen, Ruinen, Scheunen oder Felsenhöhlen nisten die Schleiereulen. Sie haben ihren Namen von den weißen Federn im Gesicht, die wie ein herzförmiger Schleier aussehen. Beim Fressen können die Gesichtsfedern angelegt werden und bleiben sauber.

Warum würgen sie nach der Mahlzeit?

Eulen verschlingen ihre Beute ganz und verdauen sie in ihrem Magen. Unverdauliche Reste wie Haare, Federn, Zähne, Krallen und Knochen werden später als Knäuel wieder herausgewürgt. Man nennt sie Gewölle.

Eulen	
Größe:	bis 0,34 Meter lang, bis 0,95 Meter Flügelspannweite
Gewicht:	bis 480 Gramm
Nahrung:	sie fressen Mäuse, Ratten, Insekten und kleine Vögel
Verbreitung:	Afrika, Amerika, Asien, Australien und Europa

Jagd im Dunkeln

Lautlos gleitet die Eule mit ihrem seidenweichen, unauffällig gefärbten Gefieder durch die Nacht. Die großen, scharfen Augen sind nach vorn gerichtet. Kein Geräusch entgeht ihrem feinen Gehör. Entdeckt sie ein Beutetier, stößt sie plötzlich hinab, packt es mit ihren spitzen Krallen und tötet es mit ihrem kräftigen Hakenschnabel.

Register

A, B, C, D

Adler 74
Antilope 18
Bär 40
Biber 50
Büffel 20

E

Eisbär 62
Elefant 6
Erdmännchen 30
Esel 56
Eule 76

F, G

Flamingo 70
Flusspferd 24
Giraffe 8
Gorilla 14

H, I, J

Hirsch 48
Hyäne 22
Jaguar 36

K, L, M

Kamel 32
Känguru 60
Krokodil 26
Lama 58
Löwe 4
Luchs 44

N, O, P, Q

Nashorn 16
Otter 54
Panda 38
Papagei 68
Pelikan 72
Pinguin 64

R, S, T, U, V

Reh 46
Schimpanse 12
Seehund 66
Strauß 28
Tiger 34

W, X, Y, Z

Waschbär 52
Wolf 42
Zebra 10

Abbildungsnachweis

Getty Images, München: 41/Michael Breuer, 53/Marcus Siebert; istockphoto.com: 11/
Eric Isselée, 33/Plougmann, 59/Jeanette Zehentmayer, 65/Keith Szafranski, 67/Elizabeth
Tighe-Andino; Mauritius, Mittenwald: 45/Ronald Wittek, 55/AGE; Shutterstock.com: 5/Chris
Sagent, 7/balaikin, 9/Chris Kruger, 13/Tiago Jorge da Silva Estima, 15/Mike Price, 17/
Helen & Vlad Filatov, 21/Johan Swanepoel, 23/Jonathan Heger, 25, 27/Mogens Trolle, 31/
Joy Brown, 35/Craig Hansen, 37/Karen Givens, 39/Mike Filippo, 43/Nagel Photography, 47/
Glenda M. Powers, 49/Eric Isselée, 51/Pix2go, 57/Armin Rose, 61/WizData, Inc., 63/Stayer,
69/Philip Date, 71/Igor Semenov, 73/Sascha Burkard, 75/James T. Troxell, 77/Miles Away
Photography; www.thinkstockphotos.de: 19/Stockbyte/Tom Brakefield, 29/Hemera

Abbildungen auf dem Cover: Mauritius, Mittenwald/Alamy